강원희 글

서울에서 태어나 한국외국어대학교 영문학과를 졸업했어요. 아동문학평론 신인상, 계몽아동문학상(동시 부문), MBC창작동화 대상, 세종아동문학상, 재외동포문학상 대상 등을 받았어요. 그동안 지은 책으로는 『북청에서 온 사자』『술래와 풍금 소리』 『훈장을 단 허수아비』『어린 까망이의 눈물』『바람아 너는 알고 있니』『천재 화가 이중섭과 아이들』 등이 있으며 동시집으로는 『날고 싶은 나무』『바람이 찍은 발자국』 등이 있어요.

박철민 그림

추계예술대학교 동양화과를 졸업했어요. 대한민국 미술대전과 미술세계대상전 비구상 부문에서 수상했고 1999년 한국어린이도서상, 2002년 일본 노마국제그림책 콩쿠르, 2005년 볼로냐 북페어 올해의 작가상을 수상했어요. 동양화 장지에 혼합 재료를 가미하여 깊이 있는 화면을 만들고자 노력하고 있으며 그린 책으로는 『육촌 형』『규리 미술관』 『괴물 잡으러 갈 거야』『연오랑과 세오녀』『토끼와 용왕』『천 개의 눈』『달빛 기차』 등이 있어요.

아름다운 예술가 이중섭
은동이 그림 속 아이들

강원희 글 | 박철민 그림
처음 펴낸날 2017년 11월 30일 | 9쇄 펴낸날 2023년 1월 5일
펴낸이 박봉서 | 펴낸곳 ㈜크레용하우스 | 출판등록 제1998-000024호
주소 서울 광진구 천호대로 709-9 | 전화 (02)3436-1711 | 팩스 (02)3436-1410
홈페이지 www.crayonhouse.co.kr | 이메일 crayon@crayonhouse.co.kr

ⓒ 2017 강원희, 박철민
이 책에 실린 글과 그림은 무단 전재 및 무단 복제할 수 없습니다.

ISBN 978-89-5547-514-2 74810

이 도서의 국립중앙도서관 출판시도서목록(CIP)은 서지정보유통지원시스템 홈페이지(http://seoji.nl.go.kr)와 국가자료공동목록시스템(http://www.nl.go.kr/kolisnet)에서 이용하실 수 있습니다. (CIP 제어번호: CIP2017028853)

아름다운 예술가 이중섭

은종이 그림 속 아이들

강원희 글 박철민 그림

크레용하우스

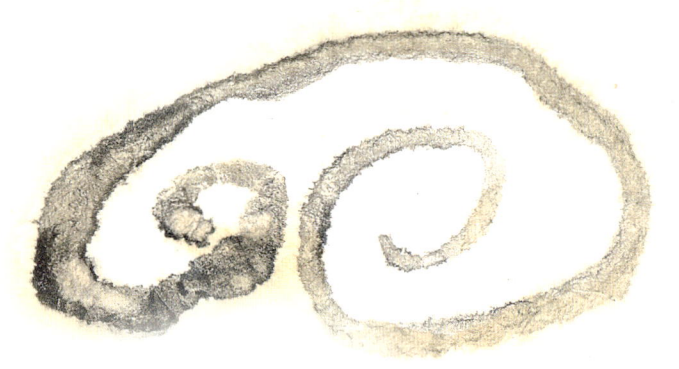

■ **추천의 글**

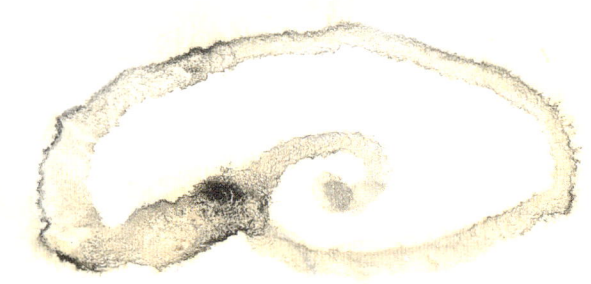

내 친구 '화가 이중섭'

중섭은 일본 동경 유학 시절에 만난 나의 친구입니다.
중섭은 모든 친구들에게 따뜻한 인정을 베풀었을 뿐 아니라 짐승이나 물고기,
또는 나무나 풀에 이르기까지 티 없이 맑은 애정을 뜨겁게 쏟았습니다.
그리고 그 모든 것들이 어울려 사는 모습을 싱싱하고도 힘차게 그렸습니다.
중섭은 참으로 어린이를 사랑했으며 어린이가 펼치는 세계를 즐겼습니다.
중섭의 화폭은 어린이 놀이터였다고나 할까요?
중섭은 헤어진 아내와 두 아들이 그리워 그림을 그리고 또 그렸습니다.
아무리 힘들어도 그림 그리는 일을 멈추지 않았습니다.
전쟁 때에는 종이가 없어 담뱃갑 은종이에 그림을 그렸습니다.
중섭은 내 친구이기도 하지만 어린이 여러분의 친구이기도 합니다.
어린이 여러분이 중섭의 그림을 보면서 내 친구를 오래오래 기억하면 좋겠습니다.

이중섭의 친구 **구상** (시인, 돌아가시기 전 쓴 글에서)

1916년, 나는 평양 근처의 송천리라는 마을에서 태어났어요.
아버지는 갓 태어난 나를 품에 안으며 말했어요.
"천둥소리처럼 울음이 크니 노래를 잘하겠구나."
아버지는 목말 태우는 것을 좋아했어요. 하루는 나를 어깨에 태우고 말했지요.
"중섭아, 지금은 비록 나라를 빼앗겨 일본인들의 세상이지만
너희들이 살아갈 세상은 다를 게다. 암, 그렇고말고."
다정했던 아버지는 내가 다섯 살 되던 해에 병으로 세상을 떠나고 말았어요.

나는 엄마와 떨어져 평양에 있는 외할머니 집에서 학교를 다녔어요.
엄마가 보고 싶다고 울자 외할머니가 사과를 주며 말했어요.
"사과 속에는 사과나무 한 그루가 들어 있단다.
그 사과나무에 몇 개의 사과가 열릴지는 아무도 모르지."
나는 사과를 앞에 두고 그려 보았어요.
조그마한 사과 속에 사과나무가 들어 있다니 신기했어요.

어느 날 학교에서 고구려 유적지로 소풍을 갔어요.
나는 무덤 속 벽화를 보다가 뒤처졌어요.
벽화 속 사람들이 살아 있는 것처럼 느껴졌어요.
"중섭아, 어디 있니?"
친구들의 목소리에 무덤을
빠져나왔지만 그날 밤 꿈속으로
벽화 속 사람들이 따라왔어요.
나는 일어나 벽화 속 사람들을
그려 보았어요.

중학교에 입학한 나는 임용련 미술 선생님을 만나 화가의 꿈을 키웠어요.
소가 좋아 오랫동안 소를 관찰해 그리기도 했지요.
엎드려서 거꾸로 소를 보면 소는 꼬리를 흔들며 워낭을 울렸어요.
친구들은 소와 뽀뽀했다며 나를 놀렸어요.
어느 날은 소도둑으로 몰린 적도 있답니다.

학교에서는 우리말 대신 일본어를 써야 했어요.
이름도 일본식으로 바꿔야 했지요.
"우리말을 잃지 않으려면 그림에라도 남겨 둬야 해."
나는 그림에 'ㅈㅜㅇㅅㅓㅂ'이라고 썼어요.

내가 스무 살 되던 해, 임용련 선생님이 말했어요.
"중섭아, 일본에 가서 그림을 공부하면 어떻겠니?
지금보다 더 많은 걸 배울 수 있을 거야."
나는 꿈을 위해 일본으로 떠났어요.
일본에서 구상이라는 친구를 만났지요.
우리는 형제처럼 친하게 지냈어요.
구상이 아플 땐 천도복숭아를 그려 주었어요.
"무슨 병이든 낫게 해 준다는 천도복숭아야.
이 그림을 보면서 빨리 낫기를 바라."

나는 동경의 문화 학원에서 마사코를 만났어요.
마사코와 그림에 대해 이야기하는 것은 즐거웠어요.
곧 마사코와 사랑에 빠졌지요.
일본에 있는 동안 미술전에 작품을 내서 상을 받았고
조선 사람들이 모여 만든 미술가 협회 활동에도 참여했어요.

1941년 일본은 미국을 상대로 태평양 전쟁을 일으켰어요.
해가 지날수록 전쟁은 점점 치열해졌어요.
나는 일본을 떠나 가족들 곁으로 돌아올 수밖에 없었어요.
하지만 마사코가 그리워 날마다 일본으로 엽서를 보냈어요.
마사코는 전쟁의 위험을 무릅쓰고 나를 만나러 왔지요.
1945년 햇볕이 따스한 날, 우리는 결혼식을 올렸어요.
나는 마사코에게 '남쪽에서 온 덕 있는 사람'이란 뜻으로
'남덕'이란 우리말 이름을 지어 주었어요.

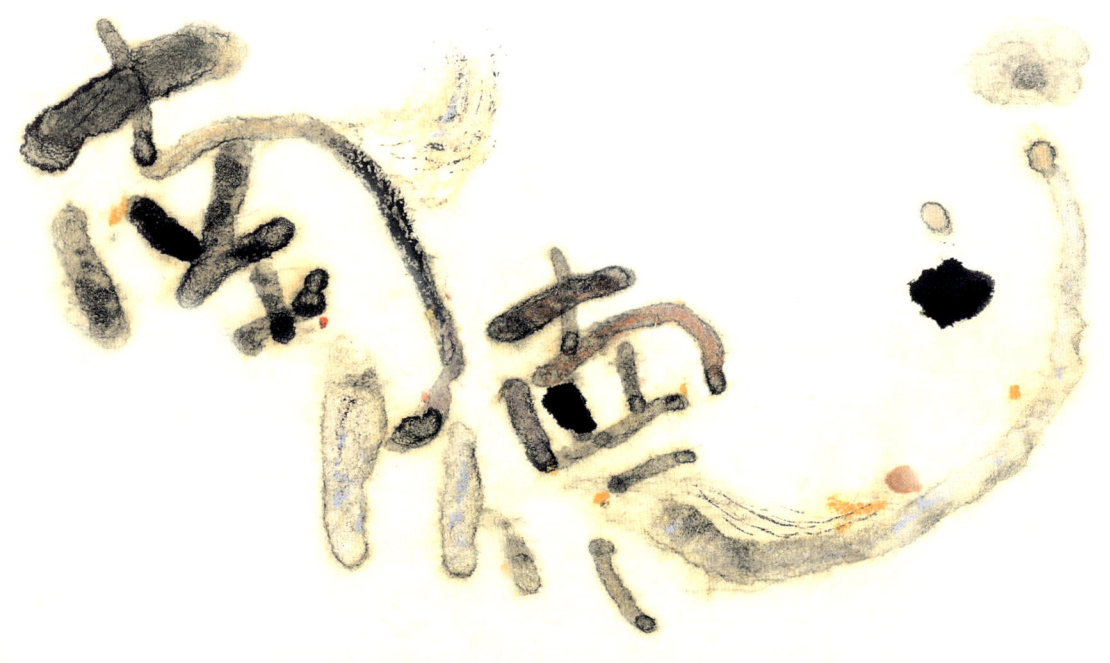

1945년 8월 15일 우리나라는 일본으로부터 독립했어요.
남덕은 첫째 태현이와 둘째 태성이를 낳았지요.
앞으로는 행복한 날들만 있으리라고 생각했어요.
하지만 1950년 6.25전쟁이 일어나 나라가 둘로 나뉘었어요.
나는 전쟁을 피해 식구들을 데리고 제주도로 내려가 살았어요.

남덕이 밭에 가면 나는 두 아들을 데리고 바닷가로 갔어요.
"아얏! 아빠, 게가 발가락을 물었어요!"
태현이가 엄지발가락을 들어 보였어요.
"아빠, 게들이 자꾸만 달아나요. 거미줄을 풀어서 묶어 주세요."
태성이가 말했어요.
"거미줄을 풀면 거미가 집을 잃게 된단다.
우리도 집이 없어서 여기저기 떠도느라 힘들잖니."

집으로 돌아오면 바닷가에서 잡은 게를 삶아
아이들에게 주었어요.
"아빠, 게들이 불쌍해요."
"대신 아빠가 게들을 예쁘게 그려 주마."
나는 종이를 살 돈이 없어 담뱃갑 은종이에
그림을 그렸어요.

계속된 가난으로 남덕은 병이 났어요. 나는 남덕과 아이들을 일본으로 보내야 했어요.
편지를 쓰고 그림을 그리며 가족을 다시 만날 날을 기다렸지요.
그러던 어느 날, 구상의 도움으로 일본에 가서 가족과 함께 꿈같은 일주일을 보냈어요.
하지만 또다시 가족과 헤어져 홀로 돌아와야 했지요.

나는 다시 그림을 그리고 편지를 썼어요.

태현아 태성아, 잘 지내니?
어제저녁에는 뒷산에 올라 달을 보며 너희 생각을 했단다.
서귀포 바닷가에서 게를 잡고 놀던 때가 그립구나.
밤마다 태현이가 그려 보내 준 자전거를 타고 꿈속을 달려간단다.

남덕, 아이들과 당신이 정말 보고 싶소.
예술은 무한한 사랑의 표현이라 생각하오.
아이들이 아빠 얼굴을 잊어버리기 전에
하루빨리 함께 지내도록 합시다.

1955년 나는 처음으로 나만의 전시회를 열었어요.
사람들에게 내 그림을 보여 줄 수 있다니 꿈만 같았지요.
그런데 나라에서 사람들이 나와 그림을 치우기 시작했어요.
벌거벗은 몸을 그렸기 때문이라고 했어요.
'자유롭게 그림을 그리고 싶은데……'
나는 희망을 잃어버린 것 같았어요.

문득 바쁘게 움직이는 사람들의 모습이 보였어요.
'사람들은 열심히 일하는데 나는 그림이나 그린답시고……'
나는 그림들을 우물 속에 던져 버렸어요.
더 이상 그림을 그릴 수가 없었어요.
대신 머물던 여관을 빗자루로 쓸기 시작했어요.
우물가에서 코흘리개 아이들의 얼굴과 손을 씻겨 주기도 했어요.
세상 아이들 모두가 내 아이처럼 느껴졌어요.

나는 점점 몸이 아팠어요. 결국 병원에 입원하게 되었지요.
시간이 지나자 문병을 오던 친구들의 발걸음도 뜸해졌어요.
가을비가 내리는 어느 밤, 창밖을 말없이 바라보았어요.
환한 달빛에 까마귀들이 모여들었어요.
"누구 기다리시나요?"
간호사가 물었어요.
"비가 그치기만을 기다리고 있다오."

"사그락사그락."
잠자리에 들자 은종이 구겨지는 소리가 들려왔어요.
은종이 그림 속에서 아이들이 빠져나왔어요.
아이들의 웃음소리가 하늘로 날아올랐지요.

나는 아이들이 사라질까 봐 눈을 뜨지 못했어요.
그렇게 병실에서 홀로 세상을 떠났지요.

높고 뚜렷하고 참된 숨결
두북두북 쌓이고 철철 넘치소서
삶은 외롭고 서글프고 그리운 것 (중섭이 쓴 시 「소의 말」 중에서)

가을비가 그치고 잿빛 하늘에 무지개가 걸리자
바람결에 워낭 소리가 실려 왔어요.

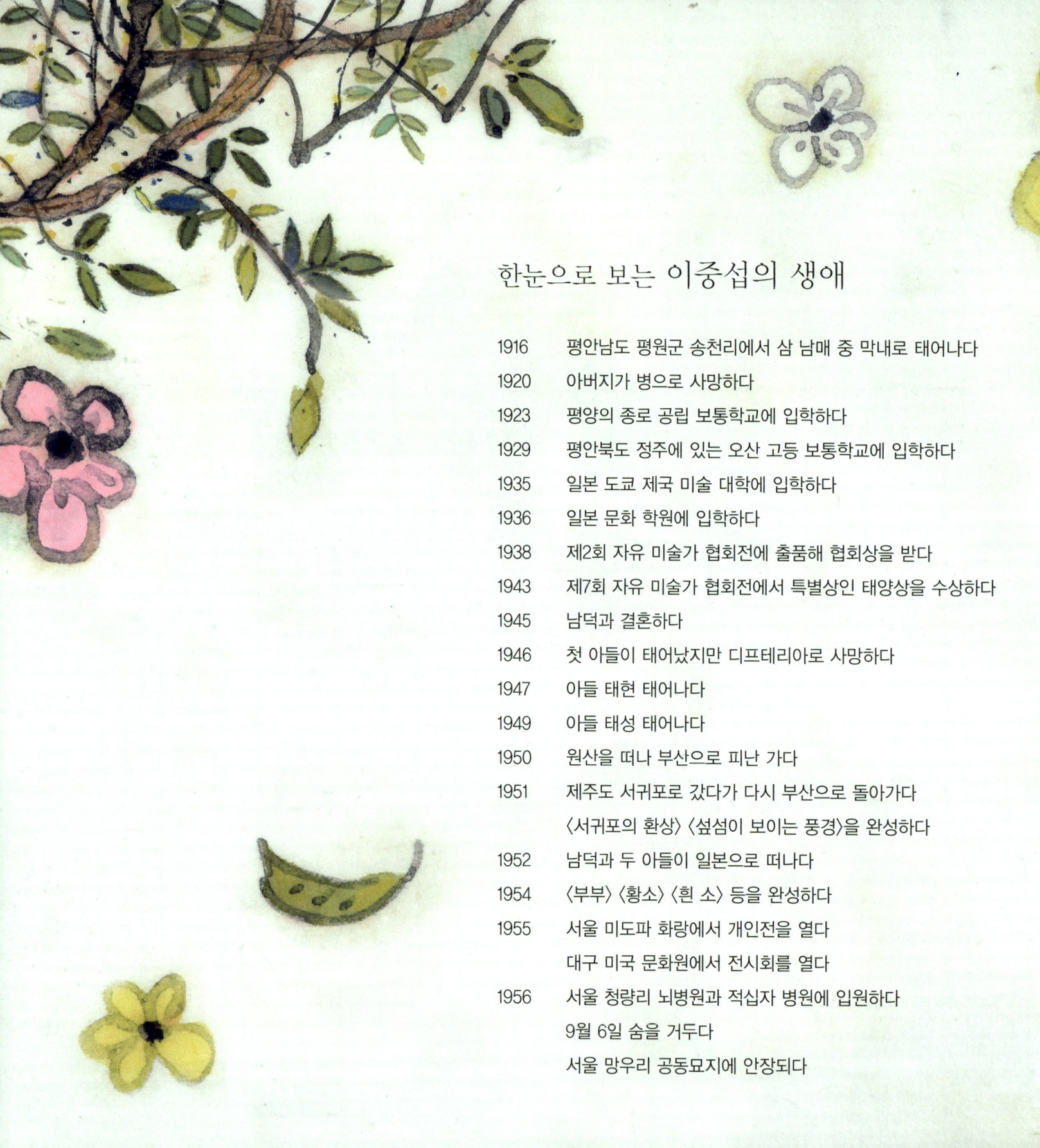

한눈으로 보는 이중섭의 생애

1916	평안남도 평원군 송천리에서 삼 남매 중 막내로 태어나다
1920	아버지가 병으로 사망하다
1923	평양의 종로 공립 보통학교에 입학하다
1929	평안북도 정주에 있는 오산 고등 보통학교에 입학하다
1935	일본 도쿄 제국 미술 대학에 입학하다
1936	일본 문화 학원에 입학하다
1938	제2회 자유 미술가 협회전에 출품해 협회상을 받다
1943	제7회 자유 미술가 협회전에서 특별상인 태양상을 수상하다
1945	남덕과 결혼하다
1946	첫 아들이 태어났지만 디프테리아로 사망하다
1947	아들 태현 태어나다
1949	아들 태성 태어나다
1950	원산을 떠나 부산으로 피난 가다
1951	제주도 서귀포로 갔다가 다시 부산으로 돌아가다 〈서귀포의 환상〉〈섶섬이 보이는 풍경〉을 완성하다
1952	남덕과 두 아들이 일본으로 떠나다
1954	〈부부〉〈황소〉〈흰 소〉 등을 완성하다
1955	서울 미도파 화랑에서 개인전을 열다 대구 미국 문화원에서 전시회를 열다
1956	서울 청량리 뇌병원과 적십자 병원에 입원하다 9월 6일 숨을 거두다 서울 망우리 공동묘지에 안장되다

한국의 정직한 화공, 이중섭

작품 들여다보기

"어디까지나 나는 한국인으로서 한국의 모든 것을
세계 속에 올바르고 당당하게 표현하지 않으면 안 되오."

이중섭은 암울하고 어두운 시대를 살았어요.
1910년 우리나라는 일본에게 통치권을 빼앗기고 일본의 식민지가 되었어요.
우리말 대신 일본어를 써야 했고 수없이 많은 탄압을 받았지요.
1945년 8월 15일 태평양 전쟁에서 패한 일본이 항복을 선언하며 우리나라도
독립을 맞이하게 되었답니다. 하지만 기쁨도 잠시, 우리나라는 남쪽은 자본주의로
북쪽은 공산주의로 나뉘면서 1950년 6.25전쟁이 일어났어요.
이중섭은 전쟁과 가난 속에서도 꿋꿋하게 그림을 그리며 예술가로서의 삶을 살았답니다.

〈황소〉, 1953~1954년

〈흰 소〉, 1954년경

이중섭은 고구려 고분 벽화의 영향을 받아 활달하고 역동적인 필치로 우리 민족 고유의 분위기를 그려 냈어요.
이중섭이 위대한 화가로 인정받는 것은 서양화가로서 가장 한국적인 소재를 그렸기 때문이에요.
또한 혼란스러운 시대 속에서도 예술혼을 잃지 않았기 때문이지요. 이중섭이 사랑하고 즐겨 그렸던 소는
우리 민족의 상징물로서, 어려운 시기를 헤쳐 나갔던 민첩하고 굳센 우리 민족성을 뜻하지요.

이중섭의 스승이었던 임용련은 이중섭에게 야수파 화법을 가르쳤어요.
야수파는 후기 인상파 이후 20세기 초반 프랑스에서 유행했던 그림 양식이에요.
강렬한 원색과 힘찬 붓의 움직임이 특징이지요.
이중섭은 연필이나 크레파스로 윤곽선을 확실히 그린 뒤
색을 엷게 입혀 선이 두드러지게 나타나는 그림을 즐겨 그렸어요.

〈부부〉, 1953년

〈바닷가의 아이들〉, 1952~1953년

〈봄의 아이들〉, 1952~1953년

6.25전쟁 등 격동적인 시대를 살면서도 이중섭은 순수하고 천진난만한 그림을 그려 냈어요.
장난기 넘치는 아이들을 소재로 많은 작품을 그렸지요. 그림 속 아이들은 복숭아, 게,
물고기, 꽃과 새 등 다양한 대상과 어우러져 있어요.

〈길 떠나는 가족〉, 1954년

이중섭은 가족을 소재로 많은 그림을 그리며 헤어진 가족에 대한 그리움을 달랬어요.
가족의 밝고 즐거운 모습을 그리며 사랑하는 가족과 다시 만나 함께할 날을 꿈꾸었지요.

이중섭은 담뱃갑 속의 은종이를 모아 편 후에
못이나 송곳으로 선을 그렸어요.
그 위에 진한 물감을 바르고 마르기 전에
닦아 내면 선이 진하게 물든 그림이 되었지요.
〈신문 보는 사람들〉을 포함한 이중섭의 은종이 그림
세 점이 미국 뉴욕의 현대 미술관에 우리나라 미술품 중
사상 최초로 소장되었어요. 현대적인 재료의 개발과 독특한
기법으로 한국인의 정서를 잘 표현했다는 찬사를 받았지요.

〈신문 보는 사람들〉, 1950년대

*사진 제공: 故 전인권(미술 평론가), 한국데이터베이스진흥원